JEAN AICARD

LECONTE DE LISLE

Prix : 1 franc.

PARIS

LIBRAIRIE FISCHBACHER

SOCIÉTÉ ANONYME

33, RUE DE SEINE, 33

1887

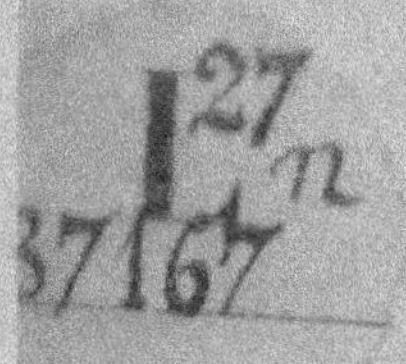

LECONTE DE LISLE

ŒUVRES DE JEAN AICARD

POÉSIE

LES JEUNES CROYANCES (Lemerre, éditeur).
LES RÉBELLIONS. LES APAISEMENTS (Lemerre, éditeur).
POÈMES DE PROVENCE (Charpentier, éditeur).
MIETTE ET NORÉ (Ollendorff, éditeur).
LE DIEU DANS L'HOMME (Ollendorff, éditeur).
L'ÉTERNEL CANTIQUE (Fischbacher, éditeur).
LAMARTINE (Ollendorff, éditeur).
VISITE EN HOLLANDE (Fischbacher, éditeur).
LE LIVRE DES PETITS (Delagrave, éditeur).
LA CHANSON DE L'ENFANT (Fischbacher, éditeur).
LE LIVRE D'HEÙRES DE L'AMOUR (Lemerre, éditeur).

THÉATRE

OTHELLO, drame en cinq actes en vers (Charpentier, éditeur).
SMILIS, drame en quatre actes en prose, représenté à la Comédie-Française (Ollendorff, édit.).
AU CLAIR DE LA LUNE, un acte en vers (Lemerre, édit.).
PYGMALION, un acte en vers (Lemerre, éditeur).
MASCARILLE, à-propos en vers (Lemerre, éditeur).
LA COMÉDIE FRANÇAISE A LONDRES (Jouaust, éditeur).
LA COMÉDIE FRANÇAISE A ALEX. DUMAS (Ollendorff, édit.).

CRITIQUE

LA VÉNUS DE MILO (Fischbacher, éditeur).

Pour paraître prochainement :

DON JUAN (*XIXᵉ Siècle*), poème dramatique en cinq actes.
PAPILLONS NIHILISTES.

JEAN AICARD

LECONTE DE LISLE

> Leconte de Lisle n'est pas un
> homme..... c'est une école.

PARIS

LIBRAIRIE FISCHBACHER

SOCIÉTÉ ANONYME

33, RUE DE SEINE, 33

1887

Cette « *Étude* » a paru dans le Supplément

littéraire du Figaro, du 26 mars 1887.

LECONTE DE LISLE

Celui-ci est un dieu, — à qui l'Académie confère aujourd'hui le titre honorifique qui n'ajoute rien au talent, et qui ajoute peu de chose à la popularité : le voici *Immortel*.

Nommer *Immortel* un homme qui hait la vie, chante la mort, aspire au néant, ceci a bien un peu l'air d'une malice académique ; mais quoi ! la malice est française, et les dieux, habitués à nos blasphèmes, — qui sont des actes de foi, — ne s'émeuvent pas pour si peu.

Celui-ci est un dieu. Affirmerai-je que je suis un des prêtres de son temple ? Ce serait mentir. Pourquoi donc, monsieur Périvier, m'avez-vous demandé, à moi, une « étude » sur Leconte de Lisle ? Peut-être vous êtes-vous dit, avec un sourire, que les poètes en général se nient volontiers les uns les autres, — occultement il est vrai, — et qu'il serait piquant de voir un des plus humbles, suffi-samment obscur, aux prises avec un poète peu connu mais très grand, à qui l'Académie accorde solennellement, d'une manière d'autant plus éclatante qu'elle est tardive, la quantité de célébrité dont elle dispose.

Eh bien ! — quoique je n'aie jamais servi dans le temple du dieu, du moins je n'y saurais entrer sans me découvrir avec un respect qui tient bien un peu de la piété, car si aucun poète ne peut être à lui seul toute la poésie, tout vrai poète du moins la représente tout entière.

Depuis Iahvèh jusqu'à Zeus et à Prométheus, — homme et Dieu à la fois, celui-là ! — toute grandeur assurément doit être blasphémée, et il n'est pas mauvais qu'un insulteur bruyant suive le char des triomphateurs, pour leur rappeler qu'ils ne sont que cendre et poussière, — mais de quel « rien » parlerions-nous à celui-ci, dont il n'ait mesuré la profondeur et chanté l'infini ? — Rappeler son néant à l'évocateur du néant, ne serait-ce pas souffler dans le vent ? Voilà bien, à défaut d'autres, une raison suffisante pour arrêter la critique si elle était disposée à se manifester...

Toute forme ne contient pas une idée, mais toute forme, même vide, inspire une idée.

Je veux essayer d'apprécier, dans l'œuvre
de Leconte de Lisle, deux choses : d'un côté,
sa forme poétique, ses qualités techniques
(qui affectent en moi l'artiste), et en même
temps l'idée que son art fait naître en moi ;
— d'autre part, l'idée qu'il veut exprimer,
— et qui atteint en moi l'homme.

I

Quant à la forme de Leconte de Lisle, oh !
je suis bien à mon aise ! Empruntant à Victor
Hugo le mot central de son étude sur Sha-
kespeare, je peux m'écrier, moi aussi :
« J'admire tout comme une brute ! » telle-
ment qu'il a dû m'arriver d'affirmer que Leconte de Lisle a plus de talent que Victor
Hugo.

Dans cet ordre d'idées, Théodore de Banville, l'étincelant jongleur de rythmes bien
vivants, et Théophile Gautier, le parfait cise-
leur de camées, ont plus de talent que Lamartine et Alfred de Musset.

Que Leconte de Lisle ait plus de talent
que Victor Hugo, cela n'est pas vrai ; il en a
autant, — ce qui est déjà bien joli, — avec
moins de mélodie, moins de sentiment, moins
de pensée, moins d'émotion, et, par consé-
quent, moins de fécondité, — mais n'oublions
pas que telle est sa volonté souveraine :

comme artiste, il se refuse à l'expression des
passions qu'il regrette d'avoir à éprouver
comme homme ; il aspire, cet immortel, à
n'être pas, ou du moins à n'être plus...
hélas ! les dieux sont faits à notre image et
pleins de contradictions.

Alors, direz-vous, pourquoi faire des vers ?
N'est-ce pas plus d'action qu'il ne convient à
un bouddhiste qui sait l'inanité de toute
chose ? Dire, à grand'peine, en beau langage
durable, la vanité de tout, n'est-ce pas une
vanité plus vaine que toutes les autres, quelque chose comme l'ombre d'une ombre d'ombre ? Leconte de Lisle, qui est un sincère, se
pose souvent à lui-même cette question : je la
lui ai entendu formuler sous les galeries de
l'Odéon en 1867. Mais, hélas ! si les formes
d'art peuvent être parfaites, il n'en va point
de même des philosophies, dont aucune n'atteint encore l'absolu. On n'est pas absolu-
ment sûr du néant tant qu'on n'est pas
anéanti, c'est-à-dire hors d'état de s'en aper-
cevoir ! et dans la Salle-d'attente-du-néant,
que nous appelons en grec : Kosmos, il faut
bien s'amuser à quelque chose, pour tuer le
temps : Khronos ; — et faire des vers des-
criptifs est une façon de jouer au « Lotos »...
C'est ce que fait Leconte de Lisle, au pied
de l'Himalaya, au bord du Gange divin !

Les calembours, « c'est la fiente de l'esprit qui vole », a dit Victor Hugo, qui ne les dédaignait pas... Mais redevenons sérieux. Aussi bien le sujet le commande à tous égards ; et, — qu'on ne s'y trompe pas, — si je me permets de badiner un instant, c'est uniquement pour tâcher de me faire lire, sachant qu'on ne lit pas son journal du matin comme on relirait le soir *la Henriade :* pour appeler le sommeil.

Nul poète français, à aucune époque, n'a fait mieux les vers que Leconte de Lisle.

Théodore de Banville y a plus de dextérité et se joue dans des combinaisons plus variées de rythme : il les a toutes épuisées ; — mais les qualités de métrique pure, dans l'alexandrin, sont de même valeur chez ces deux maîtres. Seulement, la Muse de Banville me rappelle, pour la grâce, l'adresse, et pour le pailleté de l'habit, — l'arlequin de Saint-Marceau, bien campé sur ses jambes écartées, les reins souples et tout le corps frémissant ; la Muse de Leconte de Lisle tient du Sphinx roide et massif, qui rêve immobile, assis au désert.

Leconte de Lisle n'est pas un homme, c'est une école.

Quelle école? Appelons-la le *Parnassisme* ou *l'Impassibilisme*, le mot importe peu ; il

suffit d'un signe qui serve à la désigner, à
la faire distinguer des autres.

Appelons *Romantisme* l'école de Victor
Hugo, lequel a de beaucoup dépassé le titre
de chef d'école, ayant été simplement un fai-
seur de libertés, — qui a usé pour son
compte, à sa manière, des libertés par lui
proclamées.

Sainte-Beuve n'a-t-il pas constaté que toute
école renie la précédente, pour la défense de
sa naissante existence, mais se rattache volontiers à une école plus antérieure?

Il n'y a pas à le nier, — surtout depuis que,
Victor Hugo étant mort, on n'est plus arrêté
par des considérations de respect personnel,
— le *Parnassisme* a renié le *Romantisme*.

Le Romantisme avait pour marques l'a-
bandon au souffle, dans le lyrisme créé par
lui; un entraînement d'éloquence; un certain
oubli du mot propre, pourvu que la mélodie
des syllabes aidât l'évocation des choses a
montrer ou des sentiments à transmettre; le
négligé de la passion pressée de se commu-
niquer; le dédain, — peut-être plus philoso-
phique que les dégoûts de vivre soigneu-
sement exprimés en beau langage, — le
dédain de la recherche, grâce à laquelle le
poëte nous trouble par la prétention constamment affichée de trouver sa parole plus pré-
cieuse que son émotion; une abondance sou-

vent nuisible à la fermeté de la composition ;
bref, un goût de l'agitation, de la vie dans l'art.

L'inspiration romantique « charriait » de
tout, du soleil, des épaves et des écumes,
comme un fleuve débordé sous un ciel écla-
tant.

Tous ces éléments, l'école nouvelle les a
reniés, et même conspués, — à bon droit ! si
l'on songe à son légitime désir de vivre
d'une vie propre, et de ne refaire aucun
chef-d'œuvre !

Plutôt faire un moindre chef-d'œuvre que
d'en refaire un grand ; c'est le droit, c'est le
devoir de l'artiste.

Alors, les nouveaux venus se sont ratta-
chés à la fois aux jongleurs de rimes de la
Pléiade, et, il faut bien le dire, — c'est chose
bizarre ! — à la queue des classiques, — à
l'abbé Delille, par exemple... Qu'on ne croie
pas à un frivole désir de faire un calembour
avec des noms propres !

Théodore de Banville, espiègle et char-
mant, s'est souvenu de Ronsard. Leconte de
Lisle a pensé, je le répète, à l'abbé ; puis,
d'autre part, chavirant le vers d'André Ché-
nier, il s'est dit :

Sur d'antiques pensers faisons des vers nouveaux.

Nouveaux ? — oui et non. — Des vers qui

ont un air de nouveauté particulier, grâce
surtout à l'étrangeté des choses exotiques et
archaïques dont ils parlent, et grâce encore
à des bizarreries d'orthographe. Il est évi-
demment plus nouveau d'écrire *Kaïn* que
Caïn, et si on remplace le K par un Q, l'illusion est complète. *Qaïn* avec un Q est le
dernier mot du moderne !

Non, dans Leconte de Lisle, la tournure
du vers n'est pas infailliblement moderne,
bien que notre poète soit merveilleusement
enrichi des ressources de langue créées par
Victor Hugo qui a lâché le mot propre et mis
au rancart la périphrase.

Ceci est, bien entendu, une caractéristique
générale, car çà et là langue et prosodie
sonneront ensemble le pur classique :

. . . . O belle Thyoné,
Viens, et je bénirai le destin fortuné
Qui, loin de la Phocide et du toit de mes pères,
Au pasteur exilé gardait des jours prospères.

Et encore :

Déjà, sur la mer vaste, *une propice haleine*
Des bondissantes nefs gonfle la voile pleine...

Et encore :

Préviens des immortels la naissante colère !

Est-ce Leconte ou l'abbé? on ne sait trop;
mais, notons bien que cet accent sonne rare-
ment sur la lyre du maître parnassien. Elle
n'a que des cordes de fer, cette lyre mystérieuse; aucun boyau; nulle corde lâche; et
il faut mettre le microscope sur l'éléphant
pour découvrir les cirons sous les replis de
la puissante peau. Il y faut l'œil malin du
critique — ou, — que Zeus me pardonne! —
du confrère !

Ce qu'il faut dire, en dépouillant les mauvais sentiments naturels à tout critique,
c'est que le procédé suprême de Leconte de
Lisle, dans son travail de constitution d'un
art où la poétique classico-romantique et la
couleur purement romantique sont admira-
blement assemblées, a été celui-ci :

Ne faire que de beaux vers classiques,
en se refusant au genre de faiblesses particulier aux versificateurs classiques; garder
tout l'éclat de la langue romantique, — en se
refusant à l'exubérance, à la fougue roman-
tiques ! — Comme conception d'une forme
poétique, rien de plus complet.

Et Leconte de Lisle n'a fait que de beaux
vers. De là l'admiration absolue que lui
vouent les initiés; de là, en partie, l'éloigne-
ment que lui témoigne le vulgaire.

Je défie, en effet, qu'on puisse lire de suite
cinq cents beaux vers également beaux entre

eux, car la beauté constamment tendue, implacablement soutenue, dans l'ensemble d'une
composition littéraire, et, à la fois, dans chacun des détails, même dans la valeur de chaque mot, est une chose monstrueuse, et par
là fatigante. Les initiés seuls peuvent soutenir la vue du tabernacle ouvert. Il y a, dans
une pareille monotonie de beauté, un mystère dont le rayonnement aveugle et fait se
détourner les faces profanes.

Il nous vient, d'une telle perfection possédée, une satisfaction qui anéantit tout
désir, en supprimant tout attrait.

Leconte de Lisle pourrait dire, avec le
Moïse d'Alfred de Vigny :

Seigneur, vous m'avez fait puissant et solitaire!...
Laissez-moi m'endormir du sommeil de la terre!

II

Leconte de Lisle est aussi un traducteur,
et prestigieux. Pourquoi prestigieux ? Parce
qu'il est grand poète.

Je m'explique. Le texte lui transmet l'impression que le poète original, — Homère,
par exemple, — a reçue des choses; l'inspiration même qu'Homère eut en lui, non pas
l'impression que peut transmettre le texte à
n'importe quel hellénisant. Et, pour nouveaux
frais, le poète — visionnaire — refait l'*Iliade*

ou l'*Odyssée*, inspiré par le texte qu'il commande en même temps qu'il en est commandé.

Ici, une observation — capitale.

Ce que le poète ne peut pas nous rendre, c'est l'harmonie propre du grec, le nombre grec, la physionomie des mots grecs; il y substitue une autre physionomie, un autre nombre, une autre harmonie, mais qui ne peuvent rien avoir de grec, — et, de plus, il traduit des vers en prose! Pourtant, le poème subsiste et se transmet... Et cela dans une prose simple, savamment fruste, qui, présentant comme par blocs les idées et les images, est plus évocatrice que si elle se préoccupait d'arrondir, d'harmoniser ses périodes!

N'en faut-il pas conclure qu'il y a, dans l'art, autre chose que le nombre propre de chaque mot, autre chose que l'harmonie, née de l'arrangement des vocables, de la prononciation, de l'accent spécial à la langue? — Si fait! — Et quoi donc?... Un assemblage d'idées, une chaîne d'émotions qui est la composition même, bref des qualités esthétiques autres que les qualités extérieures, matérielles pour ainsi dire, de l'œuvre écrite en langue rythmée.

Or, il se trouve que Leconte de Lisle, comme traducteur du simple, naïf et vivant Homère, se montre nécessairement poète

d'idées, d'émotions, de mouvement passion-
nel et d'action, — lui, l'impassible! — et
qu'il abandonne forcément, dans le texte original, — dont elles sont la propriété invio-
lable, — les qualités de langue et de métrique
qui le préoccupent exclusivement lorsqu'il
chante, en vers français, pour son compte!

Ainsi, quand il a fait son œuvre personnelle, il a dû tuer en lui, avec préméditation,
certaines facultés maîtresses du poète, — qui
sont en lui, puisqu'il est un très grand poète;
— et la traduction lui est une occasion de
les retrouver et de les prouver, sans doute
malgré lui-même.

Traducteur, il s'est mis, comme Homère,
en face des choses telles que les voyait Homère; poète pour son compte, il met toujours,
entre lui et les choses de la nature, une litté-
térature quelconque, française, grecque ou
ou syriaque, — oubliant que les Grecs, ses
ses maîtres, ne copiaient aucune forme, mais
inventaient une forme, expression spontanée
de leur émotion!

Qu'il ait voulu ne mettre dans son œuvre
personnelle aucune émotion, oh! cela a dû
lui coûter vraiment un merveilleux effort.

Cet homme à la tête massive, olympienne,
chevelu comme son Kheroub de *Qaïn*, cet
homme vit pourtant! Il sent, tressaille,
souffre! Il s'abandonne certainement quel-

quefois, en dépit de la philosophie, à l'illusion de vivre, qui est traîtresse... Il mar-
che, il remue enfin! — Il n'a pas voulu que
ces conditions inférieures de l'être appa-
russent dans son œuvre, et cela au profit de
la beauté plastique qui, — on le sait, — est
faite d'immobilité.

D'aucuns ont confondu quelquefois chez
Leconte de Lisle l'absence d'idée et l'absence
d'émotion. — « Il ne pense pas! » se sont-ils
écriés, et on a pu rappeler sévèrement et in-
justement, à son sujet, ces magnifiques pa-
roles de Lamartine :

*Les vers sont les formes transcendantes et
comme divinisées de la pensée humaine : les rem-
plir de rien, c'est nous déshonorer!*

... . Bien loin de ne pas penser, Leconte
de Lisle a trop pensé! Il est bien vrai qu'il
n'a qu'une idée, une idée fixe, qui est : RIEN,
— mais qui résume tout !

C'est ici que nous l'abandonnons, non pas
comme artiste, mais comme homme.

Ajoutons, avant d'étudier la pensée de son
œuvre, que, — poète de mots, de sonorités
superbes, de langue et de métrique incompa-
rables, mais d'idée nihiliste, — il a (ce traducteur de l'émotion d'Homère!) rendu, —
grâce à l'absence d'émotion, — son œuvre

intraductible, et par là cent fois moins extensible que tout autre dans l'espace et dans le temps !

III

Ce poète a parcouru toutes les philosophies ; il a feuilleté tous les âges ; il a interrogé tous les climats du globe ; il a passé la revue de toutes les manifestations de la souffrance et de la pensée humaines ; il a étudié dans leur tombe toutes les races ; il en a ressuscité quelques-unes ; et, selon le mot de Jules Lemaître, « l'archéologie et l'anthropologie rendent seules possibles des résurrections pareilles ! » Tous les livres, il les a lus ; il les a condensés ; et le résumé de tout, et la condensation de tout, il nous l'apporte dans un mot : RIEN !

Certes, il n'a pas commencé, mais il finit par le néant !... et il prêche l'immobilité, qui paraît en être la condition initiale !

Conclusion formidable ! — Non, je ne suis pas le prêtre de cette religion. Aisément, elle pourrait rendre sévère pour l'artiste, qui reste incomparable, jugez-en :

Les Muses, à pas lents, mendiantes divines,
S'en vont, par les cités, en proie au rire amer.
Ah ! c'est assez saigner sous le bandeau d'épines.
Et pousser un sanglot sans fin comme la mer !

Oui ! le mal éternel est dans sa plénitude !
L'air du siècle est mauvais aux esprits ulcérés,
Salut, oubli du monde et de la multitude ;
Reprends-nous, ô Nature, entre tes bras sacrés !

Dans ta chlamyde d'or, Aube mystérieuse,
Éveille un chant d'amour au fond des bois épais ;
Déroule encor, Soleil, ta robe glorieuse ;
Montagne, ouvre ton sein plein d'arome et de paix !

Soupirs majestueux des ondes apaisées,
Murmurez plus profonds en nos cœurs soucieux ;
Répandez, ô forêts, vos urnes de rosée ;
Ruisselle en nous, silence étincelant des cieux !

Consolez-nous enfin des espérances vaines :
La route infructueuse a blessé nos pieds nus.
Du sommet des grands caps, loin des rumeurs
                                        [humaines,
O vents ! emportez-nous vers les dieux inconnus !

Mais si rien ne répond dans l'immense étendue,
Que le stérile écho de l'éternel désir,
Adieu, déserts où l'âme ouvre une aile éperdue !
Adieu, songe sublime, impossible à saisir !

Et toi, divine Mort, où tout rentre et s'efface,
Accueille tes enfants dans ton sein étoilé ;
Affranchis-nous du temps, du nombre et de l'espace,
Et rends-nous le repos que la vie a troublé !

Ah ! que j'aime pourtant bien mieux l'in-

quiète souffrance égoïste, mais semblable à
nos souffrances, de Musset, qui vit et qui
chante ; la lamentation de Lamartine chré-
tien, qui sent et qui pleure sur tous ; la pensée libre de Hugo, qui, concluant à la pitié
suprême, veut répandre sur le monde la joie
d'un art étincelant, l'enchantement d'un art
adorable.

Comment se résigner à n'être qu'un artiste,
en cessant d'être un homme accessible aux
tendresses, quand l'art est le moyen le plus
sûr, s'il daigne se mêler à la vie, de charmer
la vie et de la consoler ?

Et si vous aimez assez votre art pour vous
y livrer volontiers, en dépit du Nirvâna et du
reste, faites un pas de plus vers les vanités
de l'Illusion éternelle et parlez parfois d'eux-
mêmes à quelques-uns des dix millions de
Français, agissants et pensants, qui se mo-
quent un peu de Çâkya-Mouni !

Il vit, ce peuple de France, sous la me-
nace des avenirs assombris, il vit, ou du
moins il essaye ! Dans l'agonie du siècle,
nous sentons tous des approches de mort,
mais nous ne voulons pas mourir ! Un seul
mot de Michelet relu nous fait tressaillir encore !

Et l'art aussi se déclare vivant, ou du
moins aspirant à la vie ! — Et puisque le
seul désir du néant ne suffit pas à nous don-

ner la paix, accommodons-nous à la destinée,
et acceptons les lois inéluctables.

Tâchons surtout de ne pas aggraver l'horreur de notre destin,

La honte de penser et l'horreur d'être un homme,

et tenons en quelque estime les belles pen-
sées et les beaux sentiments.

Puisque tout est mensonge également dans
le songe de vivre, pourquoi ne pas préférer,
aux vaines apparences tristes, les vaines apparences qui réjouissent les cœurs?

On le voit, ce n'est pas à l'écrivain en
vers, c'est au penseur que je prétends échap-
per, car c'est ici affaire de conscience, — de
religion.

Il ne s'aperçoit pas qu'en dépouillant le
plus possible son œuvre de toute vie, par
l'absence d'émotion au point de vue moral,
— et d'aisance, de défaillance même, au point
de vue de la forme; par sa méprisante indif-
férence de penseur et sa placide perfection
d'artiste, — il passe en transfuge, renégat
d'humanité, du côté de ces dieux qui laissent
la vie se tordre douloureuse au-dessous d'eux,
sans daigner y prendre part, non pas même
pour permettre une espérance!

Il pourrait, — et combien puissamment
avec un tel génie de versificateur! — mettre
en ses vers un secours de joie et d'espérance

pour ceux qui luttent et souffrent ; nous montrer du moins qu'il ne nous a pas abandonnés ; prêter une voix aux douleurs confuses, comme Sully ; un cri qui soulage, aux âmes muettes... Non ! il s'isole dans une impassibilité extra-humaine qui semble antihumaine, qui paraît par moment une injure à notre faiblesse.

Est-il sûr d'ailleurs, scientifiquement, que son attitude soit bien celle du Bouddha, frère du Christ ? Est-il sûr que le Nirvâna, — c'est ici la doctrine ésotérique, — « ne recouvre pas les splendeurs d'une immortalité cent fois plus brillante que celle de tous les cieux mythologiques, et d'une évolution spirituelle *en harmonie avec toutes les lois de l'univers* ? » (Edouard Schuré.)

Son nihilisme à lui attriste les tristesses, blesse les blessures, et légitime contre lui les mêmes indignations qu'il a contre les dieux indifférents !

. . . . Tu nous donnes envie
D'arrêter dans nos bras nos travaux généreux !
. . . .

Nous planterions l'espoir sur l'univers détruit !
. . . .

Ton livre m'a fait mal : je ne l'ouvrirai plus !
. . . .

s'écrie Sully-Prud'homme, cinglant d'un coup
de fouet Alfred de Musset dont le scepticisme
vivant a pourtant des allures d'enthou-
siasme!

Aux profondeurs où plonge Leconte de
Lisle, toute joie meurt... Qu'on me rende les
pentes du vert Hélicon! je veux m'ébattre à
la surface des phénomènes. Si la vérité (qui
est d'après vous une illusion comme le
reste!) est triste, faisons, plus généreux que
les dieux, de meilleurs mensonges!

Persuadé qu'il est le

Sublime puisatier du noir puits-vérité,

(c'est ici un vers, — inédit, je crois, — de Victor Hugo), Leconte de Lisle, — remonté de
l'abîme, — en rapporte le miroir terrible où
celui qui se regarde — ne se voit plus!

Il est absent de son œuvre. On n'y aperçoit que le spectre immobile d'un rêve pé-
trifié.

Oui, c'est étrange, il l'a marquée, son
œuvre, d'un caractère de non-être, qui lui
assure une existence immortelle! L'immortalité assurée, par la perfection de la forme,
à l'expression du mépris pour l'effort, cette
antinomie consterne! Elle ne découragera
pas si on veut bien songer à l'effort patient
qu'un tel résultat a dû coûter!

L'œuvre de Leconte de Lisle ressemble

bien, comme nous l'indiquions tout à l'heure, au Sphinx de pierre, qui résiste à Tout, grâce à la massivité de sa forme, et qui, avec un sourire dédaigneux sur sa lèvre, rêve et aspire à Rien, assis dans la durée lamentable, au fond des déserts — qui s'ennuient.

ŒUVRES DE JEAN AICARD

POÉSIE

Les Jeunes Croyances (Lemerre, éditeur).
Les Rébellions. Les Apaisements (Lemerre, éditeur).
Poèmes de Provence (Charpentier, éditeur).
Miette et Noré (Ollendorff, éditeur).
Le Dieu dans l'Homme (Ollendorff, éditeur).
L'Éternel Cantique (Fischbacher, éditeur).
Lamartine (Ollendorff, éditeur).
Visite en Hollande (Fischbacher, éditeur).
Le Livre des Petits (Delagrave, éditeur).
La Chanson de l'Enfant (Fischbacher, éditeur).
Le Livre d'heures de l'Amour (Lemerre, éditeur).

THÉATRE

Othello, drame en cinq actes en vers (Charpentier, éditeur).
Smilis, drame en quatre actes en prose, représenté à la Comédie-Française (Ollendorff, édit.).
Au clair de la lune, un acte en vers (Lemerre, édit.).
Pygmalion, un acte en vers (Lemerre, éditeur).
Mascarille, à-propos en vers (Lemerre, éditeur).
La Comédie française a Londres (Jouaust, éditeur).
La Comédie française a Alex. Dumas (Ollendorff, édit.).

CRITIQUE

La Vénus de Milo (Fischbacher, éditeur).

Pour paraître prochainement :

Don Juan (*XIXe Siècle*), poème dramatique en cinq actes.
Papillons nihilistes.

Paris. — Imp. Ve P. Larousse et Cie.